KB037318

인성 테스트와 인성교육
- 초등학교 4학년 -

인성 테스트와 인성교육
- 초등학교 4학년 -

최 종 수

역 민 사

2017. 4.

머리말

　인성과 인성교육이란 말이 최근 갑자기 많이 쓰이고 있습니다. 역사상 인성이란 말이 쓰이지 않을 때는 없었을 것이며 중요성이 무시된 때도 없었을 것입니다. 그러나 새삼스레 이 말들이 다시 쓰이고 있는 이유는 우리의 현실에서 인성에 대한 왜곡과 상실이 일어나 반성과 개선이 절실해졌기 때문일 것입니다.

　인성이 곧 인간이며, 인성이 올바르지 않으면 올바른 인간이 될 수 없습니다. 그것을 잘 알면서도 어느 시대나 인성 파악과 개선에 대한 문제는 풀기 어려운 숙제였습니다. 그러나 어렵다 하여도 인간이기 때문에, 또 미래를 위해, 인성 개선과 인성교육을 위한 노력을 소홀히 하거나 중단할 수는 없습니다.

　여기에서 인성과 인성교육에 대해 새로운 정의와 개선 방안을 제시합니다. 비록 단순하고 원론적인 이론이지만 본질에 아주 근접하고 해결의 실마리가 될 수 있을 것으로 기대합니다. 이 방안의 실천으로 현실적 안정을 찾고 희망의 미래를 볼 수 있다면 그보다 더 큰 보람은 없을 것입니다.

　이 책은 크게 두 부분으로 되어 있습니다. I부는 각 가정에서 부모님의 관리 아래 자녀가 실시하는 인성 테스트입니다. 부모님이 테스트를 어떻게 실시하는가를 설명해주고 자녀가 혼자서 문제지에 하나하나 답을 하는 것입니다. 테스트를 마치면 부모님은 자녀와 함께 답을 맞추어보고 지수를 알아봅니다. 이 테스트로 자녀의 타고난 인성을 전반적으로 파악할 수 있습니다.

　테스트가 끝난 다음에 부모님들은 II부의 인성교육 부분을 읽고 이를 실천합니다. 여기에 제시된 인성교육 방안은 특별한 것이 아니고 누구나 생각하고 있었으나 실천이 부족했던 것들입니다. 현실적이고 효과적인 방안들입니다. 부모와 자녀가 이 내용들을 함께 실천하면 자녀는 훌륭한 사람으로 성장할 수 있습니다.

　테스트를 실시하여 본성을 파악하고 이를 기초로 하여 인성교육을 실시하다 보면 자녀의 인격 형성, 학습의 방향, 장래 진로, 문제점까지 자연스럽게 함께 이야기하게 됩니다. 자녀는 스스로를 돌아보게 되고 부모님은 책임과 애정을 더욱 다지게 됩니다. 이것이야말로 진정한 인성교육의 결과라고 할 수 있습니다.

　자녀를 위해 이 책을 보고, 자녀를 위해 헌신하는 부모님들에게 감사드리며, 가정과 자녀들에게 항상 행운과 건강이 함께 하기를 기원합니다.

2017년 새봄을 맞이하며 지은이 드림

일 러 두 기

부모님들은 아래 사항을 읽고, 이어 자녀들이 테스트를 실시하도록 지도해 주시기 바랍니다.

1. 테스트를 시작하기 전에 부모님들은 이 책의 뒤에 있는 정답과 대조표를 가위로 잘라 보관하시기 바랍니다.
2. 제한 시간은 각 테스트 별로 20분씩입니다.
3. 한 가지 테스트가 끝나면 5분 정도 쉰 다음에 다음 테스트를 실시합니다.
4. 세 가지 테스트를 모두 마치면 부모님과 자녀가 함께 답을 맞춰본 다음에 대조표로 지수를 알아봅니다.
5. 답이 틀린 문항에 대해서는 부모님과 자녀가 함께 충분한 검토가 있기를 바랍니다.
6. 자녀의 지수 확인까지 끝나면 부모님은 이 책의 후반부에 있는 내용을 읽고 실천에 최선을 다해 주시기 바랍니다.

차 례

I. 인성 테스트
Humanity Test

IQ 테스트

Intelligence Quotient Test
지능지수 테스트

IQ 테스트

지금부터 IQ 테스트를 시작합니다.
천천히 침착하게, 그리고 솔직하게
한 문제씩 답을 쓰기 바랍니다.
제한시간은 20분입니다.

1. 부모님의 생신을 쓰세요.

   답. 아버지 _____월 _____일

      어머니 _____월 _____일

2. 아버지의 아버지는 할아버지, 어머니의 어머니는 (   ). (네 글자)

   답. _____

3. 우리나라의 성씨 5개를 쓰세요.

   답. _____

4. 우리나라의 산 이름 3개를 쓰세요.

   답. _____

5. 天 地 人 세 한자를 한글로 쓰세요.

   답. _____

6. 다음 자음과 모음으로 만들 수 있는 단어는 무엇인가요. (세 글자)

   ㅁ ㄱ ㅜ ㅈ ㅣ ㅐ

   답. _____

7. (   ) 안에 들어갈 글자는 무엇인가요. (한 글자)

   대 하 사 라 (   ) 하 으 로

   답. _____

8. 동화 〈강아지똥〉에서 마지막에 등장하는 꽃은 무슨 꽃인가요.

　① 민들레

　② 장미

　③ 무궁화

　④ 개나리

　답. _____

9. 한 달에 책을 평균 몇 권 읽나요.

　① 1권

　② 2~3권

　③ 4권 이상

　④ 한 권도 안 읽는다.

　답. _____

10. 외우고 있는 〈동시〉를 하나 쓰세요.

11. ( ) 안에 들어갈 숫자는 무엇인가요. (두 자리 수)

3 - 5 - 4 - 7 - 6 - 10 - 9 - ( ) - 13

답. _____

12. ( ) 안에 들어갈 숫자는 무엇인가요. (두 자리 수)

4   9   16   25   ( )   49   64   91

답. _____

13. ( ) 안에 들어갈 숫자는 무엇인가요. (한 자리 수)

6   9   1

1   3   4

4   0   ( )

답. _____

14. 3월 1일은 월요일입니다. 3월 28일은 무슨 요일인가요.

답. _____

15. □ 안에 들어갈 그림을 그리세요.

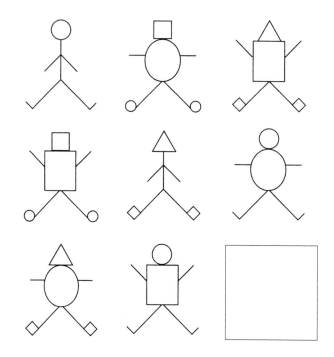

답.

16. 다음 화살 중에서 길이가 다른 하나는 어느 것인가요.

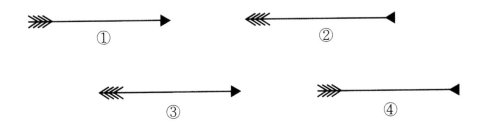

답. _____

17. 다음 그림에서 삼각형은 모두 몇 개인가요.

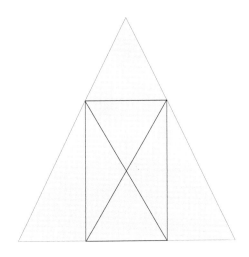

답. _____

18. 1부터 18까지의 칸 중에서 어느 것이 가장 넓고 어느 것이 가장 좁은가요.

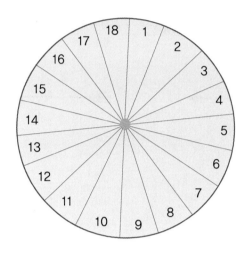

답. 가장 넓은 것_____ 가장 좁은 것 _____

19. 같은 부피라면 어느 것이 가장 가벼운가요.
① 돌
② 쇠
③ 나무
④ 물
답. _____

20. 어느 것이 속도가 제일 빠른가요.
① 소리
② 빛
③ 인공위성
④ 총알
답. _____

21. 하늘을 향해 올라가고 땅속을 파고 내려간다면, 그곳의 온도는 어떻게 될까요.

    ① 올라가면 추워지고, 내려가면 더워진다.

    ② 올라가면 추워지고, 내려가면 별 변화 없다.

    ③ 올라가면 별 변화 없고, 내려가면 더워진다.

    ④ 올라가면 추워지고, 내려가도 추워진다.

    답. _____

22. 낮이 가장 긴 절기는 어느 것인가요.

    ① 동지

    ② 춘분

    ③ 추분

    ④ 하지

    답. _____

23. 달은 어느 쪽에서 떠서 어느 쪽으로 지나요.

    ① 남쪽에서 떠서 북쪽으로 진다.

    ② 서쪽에서 떠서 동쪽으로 진다.

    ③ 달은 뜨지도 않고 지지도 않는다.

    ④ 동쪽에서 떠서 서쪽으로 진다.

    답. _____

24. 지구에서 가장 높은 산의 이름을 쓰세요.

    답. _____

25. 지구상에 가장 숫자가 많은 동물은 어느 것일까요.

① 개

② 새

③ 물고기

④ 개미

답. _____

26. 새 이름 3개를 쓰세요.

답. _____

27. 겨울에도 잎이 떨어지지 않는 나무는 어느 것인가요.

① 단풍나무

② 소나무

③ 은행나무

④ 느티나무

답. _____

28. 꽃 이름 3개를 쓰세요.

답. _____

29. 가장 오래 전에 있었던 나라는 어느 나라인가요.

① 고구려

② 신라

③ 고조선

④ 조선

답. _____

30. 영토가 가장 컸던 나라는 어느 나라인가요.

　　① 조선

　　② 통일신라

　　③ 백제

　　④ 고구려

　　답. _____

31. 장영실은 무엇을 잘못 만들어 벌을 받고 쫓겨났나요.

　　① 물시계

　　② 해시계

　　③ 가마

　　④ 장영실은 잘못 만든 것이 없다.

　　답. _____

32. 다음 사람들 중에서 목표가 다른 일을 한 사람은 누구인가요.

　　① 김정호

　　② 윤봉길

　　③ 안중근

　　④ 안창호

　　답. _____

33. 절에서 볼 수 없는 것은 어느 것인가요.

　　① 탑

　　② 불상

　　③ 무덤

　　④ 계단

　　답. _____

34. 크리스마스(성탄절)는 누구의 생일인가요.

    ① 부처님

    ② 예수님

    ③ 공자님

    ④ 성모 마리아

    답. _____

35. 정치를 직업으로 하는 사람은 누구인가요.

    ① 국회의원

    ② 의사

    ③ 공무원

    ④ 가수

    답. _____

36. 재판에 직접 관련되지 않는 사람은 누구인가요.

    ① 검사

    ② 회계사

    ③ 변호사

    ④ 판사

    답. _____

37. 아주 옛날에는 사람들이 서로 필요한 물건을 바꾸어 썼다고 합니다. 이것을 무엇이라고 하나요.

    ① 생산 활동

    ② 판매 활동

    ③ 물물교환

    ④ 자급자족

    답. _____

38. 발달된 순서가 맞는 것은 어느 것인가요.

    ① 기차 - 비행기 - 로봇 - 컴퓨터

    ② 비행기 - 기차 - 로봇 - 컴퓨터

    ③ 기차 - 컴퓨터 - 비행기 - 로봇

    ④ 기차 - 비행기 - 컴퓨터 - 로봇

    답. _____

39. 무엇이든 최선을 다하는 모습은 아름답다고 합니다. 공부도 열심히 하면 아름다울까요.

    ① 공부하는 모습만이 아름다운 모습이다.

    ② 물론 아름다울 수 있다.

    ③ 공부 열심히 한다고 아름다울 것까지는 없다.

    ④ 나는 자는 모습이 가장 아름답다고 생각한다.

    답. _____

40. 이 문제들을 다 푼 지금의 기분은 어떤가요.

    ① 뭐든지 좀 더 확실하게 알아야겠다.

    ② 머리만 아프다.

    ③ 그저 그렇다.

    ④ 왠지 좀 멋쩍다.

    답. _____

EQ 테스트

Emotion Quotient Test
감성지수 테스트

EQ 테스트

지금부터 EQ 테스트를 시작합니다.

천천히 침착하게, 그리고 솔직하게

한 문제씩 답을 쓰기 바랍니다.

제한시간은 20분입니다.

1. 나는 감정이 풍부한가요.

    ① 감정이 풍부한 편이다.

    ② 감정이 좀 메마른 편이다.

    ③ 너무 감정적이라 걱정된다.

    ④ 잘 모르겠다.

    답. _____

2. 나는 성질이 어떤가요.

    ① 급한 편이다.

    ② 느린 편이다.

    ③ 급하지도 느리지도 않다.

    ④ 잘 모르겠다.

    답. _____

3. 나의 평소 표정은 어떤가요.

    ① 거의 우는 표정이다.

    ② 밝은 표정이다.

    ③ 무표정이다.

    ④ 활짝 웃는 표정이다.

    답. _____

4. 새벽의 찬 기운, 한낮의 더위 등 날씨의 변화를 느끼나요.

    ① 전혀 느끼지 못 한다.

    ② 문득문득 날씨를 느낀다.

    ③ 아침에 일어나면 가장 먼저 날씨부터 살핀다.

    ④ 날씨는 자연현상이므로 나와는 상관없다.

    답. _____

5. 여름의 소나기, 가을의 단풍 등 사계절의 특징을 느끼나요.

① 때때로 계절의 특징을 느낀다.

② 전혀 느끼지 못 한다.

③ 계절을 느낄 여유가 없다.

④ 어느 계절만 특별히 느낀다.

답. _____

6. 아침에 눈을 뜨자마자 바로 새소리를 들어본 기억이 있나요.

① 동화에서나 나오는 얘기다.

② 산뜻하고 아름답게 새소리가 들렸다.

③ 아침에 새소리를 들어본 기억이 없다.

④ 엄마가 깨우는 소리만 기억난다.

답. _____

7. 재미있는 꿈을 꾼 기억이 있나요.

① 꿈에서 깨고 아쉬워 한 적이 있었다.

② 꿈을 꾼 적이 없다.

③ 무서운 꿈을 꾼 기억만 있다.

④ 꿈은 재미 있다, 없다 라고 말할 수 있는 것이 아니다.

답. _____

8. 새로운 하루를 기쁨으로 맞이한 적이 있나요.

① 아침마다 일어나기도 힘들다.

② 새로운 날은 언제나 기쁨의 날이다.

③ 어떤 날은 기쁘게 아침을 맞이했다.

④ 나날이 지겨운 하루다.

답. _____

9. 화장실에서 노래를 흥얼거린 적이 있나요.

① 화장실에서 웬 노래.

② 노래가 저절로 나온 날이 꽤 있었다.

③ 화장실에만 들어가면 노래가 나온다.

④ 노래는 안 나오고 낑낑 소리만 나온다.

답. _____

10. 새 옷을 처음 입고 나갈 때 기분이 어떤가요.

① 누가 흉볼까봐 걱정된다.

② 별 생각 없이 입고 나간다.

③ 너무 좋아 하늘을 날 것 같다.

④ 기대감과 함께 기분이 꽤 좋다.

답. _____

11. 혼자서 킥킥거리고 웃을 때가 있나요.

① 킥킥거린다는 것이 무엇인지 모르겠다.

② 실없는 사람이나 킥킥거리지, 멀쩡한 사람은 안 그런다.

③ 가끔 혼자 킥킥거린다.

④ 미쳤다.

답. _____

12. 다른 사람들이 나 때문에 웃은 경우가 있었나요.

① 재미있다며 웃은 경우가 몇 번 있었다.

② 사람들이 나를 보면 표정이 굳어진다.

③ 지금은 웃을 때가 아니다. 공부할 때다.

④ 그런 경우는 없었다.

답. _____

13. 지하철을 탔는데 앞에 앉은 어떤 아줌마가 찔끔찔끔 울고 있다.

    ① 왜 울까. 너무 불쌍하다.

    ② 빨리 마음을 가라앉혔으면 좋겠다.

    ③ 기분이 나빠진다.

    ④ 나하고는 상관없는 일이다.

    답. _____

14. 지하철에서 어떤 어린이가 잠자는 어린 동생을 안고 작은 목소리로 노래를 불러주고 있다.

    ① 공연히 신경만 쓰인다.

    ② 지하철 안에서 노래를 부르면 안 된다.

    ③ 나도 흐뭇한 표정으로 보게 된다.

    ④ 다 같이 노래를 불러야 한다.

    답. _____

15. 버스를 탔는데 너무 지저분하다.

    ① 기사 아저씨가 게으른 사람이다.

    ② 나도 주머니에 있는 휴지를 슬쩍 버린다.

    ③ 내 눈에는 쓰레기가 안 보인다.

    ④ 아직도 이런 버스가 있네.

    답. _____

16. 길을 걸으면서 어디를 보나요.

    ① 땅이나 스마트폰만 본다.

    ② 끊임없이 두리번거린다.

    ③ 하늘을 보고 구름을 보고 먼 산을 볼 때도 있다.

    ④ 나는 오로지 앞만 보고 다닌다.

    답. _____

17. 가장 싫은 사람은 누구인가요.

  ① 까불이

  ② 멋쟁이

  ③ 거짓말쟁이

  ④ 엉터리

  답. _____

18. 친구와 다툰 적이 있나요.

  ① 친구와는 다툴 일이 없다.

  ② 화가 나서 다툰 적이 몇 번 있었다.

  ③ 나는 다투기 전에 주먹부터 나간다.

  ④ 다투지 말고 진지하게 얘기해야 한다.

  답. _____

19. 평소 얌전하던 친구에게 노래를 시켜보니 너무 잘 한다. 아는 노래도 많아 20곡도 계속 부를 수 있단다.

  ① 그 동안 너무 내숭떤 것 같아 흘겨보게 된다.

  ② 이 순간부터 존경해야겠다.

  ③ 그럴 수도 있지 뭐.

  ④ 부럽다.

  답. _____

20. 마음을 터놓고 이야기할 수 있는 친구가 몇 명이나 있나요.

  ① 2~3명

  ② 하나도 없다.

  ③ 4명 이상

  ④ 1명

  답. _____

21. 좋아하는 가수 3명을 쓰세요.

   답. _____

22. 화가 3명을 쓰세요.

   답. _____

23. 영화, 드라마, 책, 게임 등에서 재미없었던 것 2가지를 쓰세요.

   답. _____

24. 재미있는 것과 환상적인 것과 감동적인 것 중에서 어느 것이 가장 가슴 깊이
   와 닿을까요.

   ① 가슴 깊이 와 닿다니, 뭐가.

   ② 재미있는 것.

   ③ 환상적인 것.

   ④ 감동적인 것.

   답. _____

25. 짜릿한 기쁨을 느껴 본 기억이 있나요.

   ① 이거야 하고 짜릿한 순간이 있었다.

   ② 수없이 짜릿짜릿한 기쁨을 느꼈다.

   ③ 짜릿한 게 어떤 건데.

   ④ 안타깝게도, 없다.

   답. _____

26. 영화나 TV, 책을 보고 난 다음 가슴이 뭉클한 경험이 있나요.

    ① 가슴앓이로 죽고 싶은 적도 있었다.

    ② 몇 번 가슴이 저리고 뭉클했던 기억이 있다.

    ③ 사람에게는 그런 감정이 없다.

    ④ 뭉클하다는 말의 뜻을 잘 모르겠다.

    답. ＿＿＿＿＿＿

27. 사랑을 주는 것과 사랑을 받는 것, 어느 쪽이 더 행복할까요.

    ① 사랑을 주는 것.

    ② 사랑을 받는 것.

    ③ 사랑이란 주고받는 것 모두 괴로움이다.

    ④ 둘 다 행복한 일이다.

    답. ＿＿＿＿＿＿

28. 산에 올라갔다. 바위 사이에 틈이 조금 벌어져 있는데 아이들도 대부분 폴짝폴짝 건너뛰고 몇 사람은 무서워 못 건너간다.

    ① 나는 죽어도 못 간다.

    ② 자로 재 본 다음에 뛸까 말까를 결정한다.

    ③ 망설이다가 결국은 죽기를 결심하고 뛴다.

    ④ 남들 다 건너가니 나도 갈 수 있겠지 하고 힘껏 뛴다.

    답. ＿＿＿＿＿＿

29. 높은 산에 올라 탁 트인 앞을 보며 가슴이 후련해 본 적이 있나요.

    ① 그러려고 힘들게 높은 산에 오른다.

    ② 나는 산보다 바다가 더 좋다.

    ③ 높은 산에 올라가 본 적이 없다.

    ④ 학교 옥상에만 올라가도 가슴이 후련하다.

    답. ＿＿＿＿＿＿

30. 눈부시게 푸른 하늘을 보면 어떤가요.

　① 하늘은 늘 푸른 거야.

　② 그런 하늘은 없다.

　③ 아, 정말 푸르구나.

　④ 푸른 하늘은 추억 속에만 있다.

　답. _____

31. (　) 안에 똑같이 들어갈 수 있는 말은 무엇인가요. (한 글자)

　(　)피리, (　)잎, (　)벌레, 강아지(　)

　답. _____

32. 밖에 나갔다가 돌아오니 집이 지저분하다.

　① 짜증난다.

　② 청소는 내가 할 일이 아니다.

　③ 곧바로 정리 정돈 청소를 시작한다.

　④ 우선 몇 가지 치운다.

　답. _____

33. 혼자 있고 싶을 때가 있나요.

　① 왜 혼자 있어. 무섭게.

　② 가끔 혼자 있고 싶을 때가 있다.

　③ 그런 건 생각해 본 적이 없다.

　④ 항상 혼자 있고 싶다.

　답. _____

34. 심심하다고 느낀 적이 있나요.
① 문득문득 심심할 때가 있다.
② 1년 내내 심심해 죽는다.
③ 나는 항상 바빠서 심심할 시간이 없다.
④ 심심하면 즉시 무엇인가를 한다.
답. _____

35. 저녁 뉴스에서 어느 나라의 참혹한 지진 현장을 보여 주고 있다. 구조대원들이 부서진 건물더미에 깔린 한 소년을 구하려고 안간힘을 쓰고 있다. 그런데 소년이 구조대원을 보고 환하게 웃는 장면이 보였다.
① 죽음을 앞둔 마지막 미소 같다.
② 그 소년은 틀림없이 구조된다.
③ 구조대원의 노력 여하에 달려 있다.
④ 나는 그런 장면은 보지 않는다.
답. _____

36. TV나 영화를 보면서 눈물이 핑 돈 적이 있었나요.
① 나는 TV나 영화를 안 본다.
② 나는 조금만 슬퍼도 펑펑 운다.
③ 눈물이란 그렇게 쉽게 흐르는 것이 아니다.
④ 슬프거나 너무 안타까울 때 눈물이 핑 돈다.
답. _____

37. 〈미래〉란 무엇인가요.

    ① 기다리면 저절로 온다.

    ② 별다른 느낌이 없다.

    ③ 희망적인 말이다.

    ④ 불안하다.

    답. _____

38. 나는 하늘에 이는 바람처럼, 푸르른 나무처럼, 시냇물에 놓인 징검다리처럼
    살고 싶다. 그리고 돈도 많이 벌고, 이름도 날리고 싶다. 그래도 내가 진정
    앞으로 살고 싶은 길은 (   )답게 아름답게 사는 것이다. (두 글자)

    답. _____

39. 소원을 빌어 본 적이 있나요.

    ① 빌 소원이 없다.

    ② 소원은 친구에게 말하면 이루어진다.

    ③ 빌 것이 아니라 노력해서 극복해야 한다.

    ④ 간절한 소원은 빌어야 이루어진다.

    답. _____

40. 문제들을 다 푼 지금의 기분은 어떤가요.

    ① 지루했다.

    ② 충격을 받았다.

    ③ 조금 떨린다.

    ④ 별 느낌이 없다.

    답. _____

WQ 테스트

Wisdom Quotient Test
지혜지수 테스트

WQ 테스트

지금부터 WQ 테스트를 시작합니다.
천천히 침착하게, 그리고 솔직하게
한 문제씩 답을 쓰기 바랍니다.
제한시간은 20분입니다.

1. 나 자신을 어떻게 생각하나요.

   ① 아주 잘났다고 생각한다.

   ② 괜찮은 아이라고 생각한다.

   ③ 그저 그런 아이라고 생각한다.

   ④ 형편없는 아이라고 생각한다.

   답. _____

2. 내 생각은 옳은가요.

   ① 내 생각은 항상 옳다.

   ② 그런 것은 생각해 본 적이 없다.

   ③ 조금 지나고 보면 내 생각은 항상 틀렸다.

   ④ 틀린 것도 있지만 거의 옳았다.

   답. _____

3. 나는 시작과 끝 중 어느 쪽을 더 잘 하나요.

   ① 나는 아무 것도 안 함으로 시작도 끝도 없다.

   ② 시작할 때 더 적극적이다.

   ③ 마무리를 확실하게 한다.

   ④ 그때그때 되는 대로 한다.

   답. _____

4. 지고 이기는 것에 대해 어떻게 생각하나요.

   ① 지는 것이 싫지만 질 수도 있다.

   ② 지고 이기는 것에 별 관심 없다.

   ③ 어떤 일이든 지는 것은 정말 싫다.

   ④ 늘 일부러 져준다.

   답. _____

5. 주변 사람들과 잘 어울리나요.

   ① 잘 어울리는 편이다.

   ② 잘 어울리지 못 한다.

   ③ 다른 사람들이 나를 끼워주지 않는다.

   ④ 내 마음대로 어울렸다 말았다 한다.

   답. _____

6. 부모님이 나를 사랑한다고 생각하나요.

   ① 잘 모르겠다.

   ② 나를 많이 사랑해 주신다.

   ③ 사랑이 너무 지나친 것 같다.

   ④ 별로 관심이 없는 것 같다.

   답. _____

7. 부모님이 나에게 바라는 것은 결국 무엇일까요.

   ① 공부 잘 하여 시험 잘 봐 오는 것.

   ② 원하는 대학에 입학하는 것.

   ③ 장차 뛰어난 업적을 남기는 것.

   ④ 내가 행복하게 사는 것.

   답. _____

8. 우리집 감나무의 가지 몇 가닥이 옆집으로 넘어가 있다. 그 가지에 매달린 감을 옆집 아저씨가 따고 있다.

   ① 못 따게 하고 이미 딴 것도 다 빼앗아 온다.

   ② 같이 딴 다음에 나누어 가진다.

   ③ 어머니 아버지에게 말씀드린다.

   ④ 내버려 둔다.

   답. _____

9. 이웃에 혼자 사시는 할머니가 한 분 계신데 가끔 길에서 마주친다.
   ① 모르는 할머니라 인사할 필요가 없다.
   ② 가볍게 인사를 한다.
   ③ 허리를 깊이 굽혀 인사를 한다.
   ④ 나는 노인네들만 보면 괜히 기분이 나빠진다.
   답. _____

10. 시골 작은아버지 댁에 놀러 갔다. 일곱 살, 네 살 사촌들과 함께 밖에서 놀고 있는데 엄마가 불러서 잠깐 집에 들어갔다 왔다. 그 동안 큰애에게 작은애를 잘 보고 있으라고 말했다. 그런데 그 사이에 작은애가 넘어져 다쳤다. 작은애는 앙앙 울고, 큰애는 멍하니 서 있다.
   ① 그냥 둘 다 데리고 집으로 들어온다.
   ② 나도 당황해서 어쩔 줄 모른다.
   ③ 작은애를 살피면서 큰애를 야단친다.
   ④ 작은애를 살피면서 큰애를 달래준다.
   답. _____

11. 친척 아저씨가 한 분 계신다. 전에는 잘 살았는데 사업이 망해 지금은 아주 어렵게 사신다고 한다. 전에는 그 아저씨와 그 집 형들도 나에게 잘해주었다. 아버지와 그 아저씨가 전화로 크게 다투셨다. 그 아저씨가 지금 우리 아버지를 원망하고 있다는 것이다. 아버지는 너무 어이없다고 하신다.
   ① 아버지에게 그 집 형들이 보고 싶으니 한 번 가보자고 한다.
   ② 아버지와 싸운 그 아저씨가 나쁜 아저씨다.
   ③ 그냥 조용히 있었으면 좋겠다.
   ④ 그 아저씨 고생 좀 해봐야 한다.
   답. _____

12. 친구 여러 명과 동굴 탐험을 갔다. 지하로 내려가 한참 구경을 하고 있는데 갑자기 전기가 꺼지는 것이 아닌가. 정말 아무 것도 안 보이는 암흑이다. 여기저기서 비명소리가 나고 우는 아이도 있다.

① 핸드폰을 켜고 조금씩 더듬으며 움직여 본다.

② 내가 어떻게 할지 나도 모르겠다.

③ 너무 무서워 쪼그리고 앉아 운다.

④ 움직이지 말고 침착하라고 크게 외친다.

답. _____

13. 친구 두 명과 길을 걸어가는데 한 친구가 갑자기 앞으로 급하게 뛴다.

① 다른 친구에게 뛸까 말까를 물어본다.

② 뛰거나 말거나 그냥 가던 대로 간다.

③ 무조건 그 친구를 따라 다른 친구와 함께 뛴다.

④ 주변을 살펴본다.

답. _____

14. 내 친구 하나는 음식을 너무 지저분하게 먹는다. 그런데 그 친구 앞자리밖에 빈자리가 없다.

① 빈자리를 끝까지 찾아본다.

② 그 빈자리에 앉아 말없이 먹는다.

③ 그 빈자리에 앉아 친구 앞에 휴지를 펴준다.

④ 그 빈자리에 앉아 좀 깨끗하게 먹으라고 한 마디 한다.

답. _____

15. 선생님이 칠판에 시험문제의 답을 쓰셨는데 아무리 보아도 하나를 잘못 쓰신 것 같다. 옆 친구도 그렇다고 한다.

    ① 아무 행동도 안 한다.

    ② 앞에 앉은 친구에게 말해준다.

    ③ 저거 틀렸다고 큰 소리로 선생님에게 말한다.

    ④ 손을 들고 선생님을 부른다.

    답. _____

16. 친구집에서 생일잔치를 하는데 내가 아주 좋아하는 갈비찜이 있다. 다른 친구들도 좋아한다.

    ① 남이 먹기 전에 무조건 많이 먹어야 한다.

    ② 갈비찜의 분량을 봐가며 적당히 먹는다.

    ③ 친구 엄마에게 더 달라고 한다.

    ④ 다른 친구에게 양보하고 나는 안 먹는다.

    답. _____

17. 친구 생일잔치 시작한 지 두 시간은 지난 것 같고 노는 분위기는 한참 무르익었다. 음식은 조금 남아 있는데 친구 어머니께서 뭐 더 필요한 것 없냐고 서너 번 물으셨다.

    ① 10분만 더 놀자고 생일 맞은 친구에게 말한다.

    ② 튀김 좀 더 달라고 한다.

    ③ 이제 그만 끝내라는 뜻이다. 얼른 일어서자.

    ④ 다른 친구에게 뭐 먹고 싶냐고 묻는다.

    답. _____

18. 먼 친구집에 갔다가 시간이 늦어 빨리 지하철역으로 가려다 으슥한 골목길을 지나게 되었다. 그때 나보다 체격이 큰 못 된 아이들이 둘러싸고 돈을 빼앗으려고 한다.

　　① 무조건 뛴다.

　　② 아무 말 없이 있는 돈을 다 준다.

　　③ 돈을 다 주며 집에 갈 차비만 돌려달라고 한다.

　　④ 운다.

　　답. _____

19. 학교에 가지고 갈 준비물은 언제 챙기나요.

　　① 일찌감치 챙긴다.

　　② 할 일 다 하고, 놀 것 다 논 다음에 챙긴다.

　　③ 그때그때 되는대로 한다.

　　④ 준비물은 안 가져갈 수도 있다.

　　답. _____

20. 약속 장소에 언제 도착하나요.

　　① 대개 정각에 도착한다.

　　② 항상 늦을까봐 허둥댄다.

　　③ 대개 10분 전쯤 도착한다.

　　④ 그 날 그 날 다르다.

　　답. _____

21. 내 친구 하나에게 2천 원을 빌려주었다. 친구는 사흘 뒤에 갚겠다고 했다. 그런데 일주일이 지난 다음에 돈을 가지고 와서는 또 급한 일이 있어 그러니 며칠만 더 있다가 주면 안 되겠냐고 한다. 그래도 꼭 달라고 하면 지금 주겠다고 한다.

① 왜 자꾸 거짓말을 하냐고 야단치고 돈을 받는다.

② 말없이 지금 받는다. 사정은 있겠지만 약속은 지켜야 한다.

③ 어쩔 수 없으니 그렇게 하라고 한다.

④ 필요하면 더 빌려가도 된다고 말한다.

답. _____

22. 내가 믿는 친구 A가 말하기를 B라는 친구가 자기가 아끼는 CD 하나를 훔쳐간 것 같다고 한다. 얘기를 들어보니 그런 것 같다. 그래서 내가 B에게 그것을 돌려주라고 했다. 그러자 B는 무슨 뚱딴지같은 소리냐고 펄쩍 뛴다. B와 내가 크게 싸우고 말았다. 며칠이 지나도 CD는 결국 못 찾았다.

① 내가 경솔했다. B에게 미안하다고 사과부터 한다.

② B는 정말 나쁜 친구다. 그렇게 잡아떼면 안 된다.

③ CD는 결국 못 찾는다. 포기하자.

④ 선생님한테 말해서 도둑놈을 잡아야 한다.

답. _____

23. 마트에서 혼자 카트를 끌며 물건을 사고 있는데 저쪽에서 웬 아주머니가 고래고래 고함을 지른다. 어떤 사람이 갑자기 곁에 오더니 내 겉옷 주머니에 무엇인가를 쑥 집어넣고 저쪽으로 간다.

① 그냥 내가 살 물건만 계속해서 고른다.

② 고함치는 아주머니를 따라가며 큰 소리로 부른다.

③ 일단 그 자리에서 걸음을 멈추고 직원을 찾는다.

④ 빨리 화장실에 가서 주머니에 들은 것이 무엇인지 본다.

답. _____

24. 거짓말쟁이에게 최대의 벌은 무엇일까요.

    ① 거짓말을 안 하는 사람은 없으니 벌도 없다.

    ② 꼭 필요할 때에는 거짓말을 해도 된다.

    ③ 언젠가는 다른 사람에게 속기만 한다.

    ④ 진실을 말했을 때도 사람들이 믿어주지 않는다.

    답. _____

25. 어제를 오늘 같이, 오늘을 내일 같이, 죽을 때까지 한결같은 마음으로 사는 사람은 어떤 사람일까요.

    ① 답답한 사람

    ② 믿을 수 있는 사람

    ③ 아는 게 많은 사람

    ④ 뭘 모르는 사람

    답. _____

26. 친구에게서도 배울 점이 있을까요.

    ① 친구로부터 배우는 것만이 진정한 배움이다.

    ② 친구에게서 배울 것이 무엇이 있겠는가.

    ③ 친구에게 가르칠 것은 있어도 배울 것은 없다.

    ④ 물론 배울 점이 있다.

    답. _____

27. 회사에 다니는 시집 안 간 이모가 어느 과목이 제일 어렵고, 어느 과목이 제일 재미있냐고 물었다. 그런데 나는 잘 모르겠다.

    ① '잘 모르겠어요. 열심히 해야죠.'라고 대답한다.

    ② '그런 건 왜 물어봐요. 용돈이나 많이 주세요.'한다.

    ③ '언제 시집가요.'하고 반격한다.

    ④ '어려운 건 **고, 재미있는 건 **에요.'라고 억지로 대답한다.

    답. _____

28. 반 대항 퀴즈 대회에 나도 대표로 나갔다. 아슬아슬한 결정적 순간에 내가 두 문제를 맞춰 우리 반이 우승했다. 우리 반 친구들이 난리다.
① 그냥 웃는다.
② 내 실력 봤지, 봤지 하고 소리친다.
③ 곧 바로 선생님에게 상품은 뭐냐고 묻는다.
④ 패배한 다른 반 친구들에게 악수를 청한다.
답. _____

29. 바보를 바보라고 하는 것은 (   ) 같은 짓이다. (두 글자)
답. _____

30. 옛날에 다섯 살 된 어떤 아이가 있었는데 너무 똑똑해서 임금님이 비단 한 필을 선물로 하사했다. 그런데 이 아이가 들고 가기에는 너무 무거웠다. 아이는 비단을 풀어 땅바닥에 끌고 갔다. 사람들이 '과연 신동이다.'라고 했다고 한다.
① 그 어린 나이에 어떻게 그런 생각을 했을까. 천재다.
② 비단 다 찢어진다. 머리에 이고 갔어야 했다.
③ 임금님에게 다른 가벼운 상품은 줄 수 없냐고 물었어야 했다.
④ 다른 사람에게 도와달라고 했어야 했다.
답. _____

31. 옛날에 어떤 양반이 물에 빠져 죽게 되었다. 그 양반은 다른 사람이 개헤엄 치는 것을 본 적이 있다.
① 물에 빠져 죽더라도 양반 체통에 절대로 개헤엄을 쳐서는 안 된다.
② 개헤엄이라도 쳐서 빨리 살아 나와야 한다.
③ 조상님을 부르고 천지신명께 이 위기를 알려야 한다.
④ 두리번거리다가 사람이 없으면 개헤엄을 친다.
답. _____

32. 서양에 이런 우화가 있다. 공부 잘하는 아이 하나와 똑똑한 아이 하나가 소풍을 가서 호젓한 숲길을 걷고 있었다. 그런데 저 앞에 무시무시하게 생긴 커다란 곰 한 마리가 나타나는 것이 아닌가. 그러자 공부 잘하는 아이는 얼른 여기까지의 거리, 곰의 속도, 나의 달리는 속도를 계산했다. 그런데 똑똑한 아이는 신발끈만 단단히 조여매고 있었다. 그래서 공부 잘하는 아이가 물었다. '너는 왜 신발끈만 매냐.' 똑똑한 아이가 대답했다. '나는 너보다만 빨리 뛰면 돼.'

① 신발끈 맨 아이는 과연 똑똑한 아이다.

② 신발끈 맨 아이는 혼자만 살려고 했으니 비겁한 아이다.

③ 둘 다 현명한 아이들이 아니다.

④ 나는 숲속에서 곰을 본 적이 없어 그럴 때 어떻게 해야 하는지 모른다.

답. _____

33. 파브르는 프랑스가 자랑하는 생물학자로 수십 년에 걸쳐 〈곤충기〉를 썼다. 그는 어려서부터 죽을 때까지 가난했다. 14~15세 때, 파브르는 가족과 헤어져 힘든 노동일을 해야 했다. 일당으로 받은 돈으로는 책을 사고, 먹을 것도 없고 잘 곳도 없었다. 자신의 처지가 너무 고달팠다. 그때 그는 한탄을 했다. 뭐라고 했을까요.

① 아이고, 내 신세야. 힘들어 죽겠구나.

② 아버지, 어머니 너무 보고 싶어요. 춥고 배고파요.

③ 하느님, 저에게 사자 같은 용기와 여우 같은 지혜를 주세요.

④ 벌도 개미도 자기집이 있는데 나는 잘 곳이 없구나.

답. _____

34. 부처님은 오래 사시다가 돌아가셨고, 예수님은 젊은 나이에 십자가에 못 박혀 돌아가셨다.
    ① 예수님이 너무 불쌍하다.
    ② 사람은 누구나 한 번은 죽는다.
    ③ 두 분 다 우리 마음속에 살아계시니 죽은 것이 아니다.
    ④ 누구나 오래 살아야 더 많은 일을 할 수 있다.
    답. _____

35. 집 안에 잠자리 한 마리가 날아 들어왔다.
    ① 내버려둔다.
    ② 잡아서 밖으로 던져 살려준다.
    ③ 잡아서 가지고 놀다가 결국은 죽이고 만다.
    ④ 다른 식구에게 잡으라고 한다.
    답. _____

36. '나무, 물고기, 새, 짐승, 그리고 사람, 이 모두에게 가장 소중한 것은
    (   )이다.' (두 글자)
    답. _____

37. '사람은 몸과 마음 모두 (   )하게 살아야 한다.' (두 글자)
    답. _____

38. '하늘이 무너져도 솟아날 구멍이 있다.' 솟아날 구멍을 찾는데 필요한 것은 무엇인가요.

　① 힘

　② 지혜

　③ 돈

　④ 시간

　답. _____

39. 끝은 항상 새로운 (　)이다. (두 글자)

　답. _____

40. 문제들을 다 푼 지금 어떤 생각이 드나요.

　① 많은 생각을 하게 되었다.

　② 진리를 얻었다.

　③ 별 생각 없다.

　④ 머리만 아프다.

　답. _____

II. 인성교육
Humanity Education

1. 인성이란 무엇인가

　인성이란 인간만이 지니는 순수하고 고결한 품성입니다. 인성은 태어나는 순간 거의 결정되어 있으며 평생토록 지니는 본성입니다. 대부분의 사람이 좋은 인성을 가지고 태어납니다. 그러나 완벽한 인성이란 있을 수 없으며 누구나 어느 정도 부족한 부분이 있습니다.

　인성이 이미 결정되어 있다 하더라도 인성의 개선을 위해 노력해야 합니다. 인성 자체는 크게 바뀔 수 없겠지만 열심히 노력하여 인성의 부족한 부분을 보완하고 개선하면 삶의 전개 방향은 달라질 수 있기 때문입니다. 타고난 인성을 뛰어넘어 보다 긍정적이고 발전적인 삶을 살아가겠다는 정신 역시 인성의 한 부분입니다.

　여기에서 인성에 대해 새로운 정의를 내리고, 각자 타고난 인성을 파악하는 방안을 하나 제시합니다. 파악이 먼저이고 개선은 다음이기 때문입니다. 인성人性이란 지능知能·감성感性·지혜智慧의 세 요소로 구성되어 있으며, 이 세 요소를 테스트를 통해 각기 지능지수·감성지수·지혜지수로 수치화하는 것입니다. 이렇게 수치화된 지수를 인성에 대한 기초 자료로 활용하여 개선의 지표로 삼자는 것입니다. 이 세 가지 지수의 평균을 인성지수라고 하겠습니다.

2. 왜 지능·감성·지혜인가

◉ 셋이어야 하는 이유

인류의 역사에서 상호 작용하고 순환하는 것은 세 가지 요소로 이루어져 있다는 사실은 쉽게 발견할 수 있습니다. 셋은 순환의 숫자이고 균형의 숫자이며 연합하고 견제하기에 가장 일반적이고 적합한 숫자이기 때문입니다.

한국에는 수천 년 전부터 내려오는 천·지·인天地人 삼재三才 사상이 있습니다. 우주의 세 가지 근원인 하늘과 땅과 사람으로 세 가지가 서로 어우러져 모든 현상이 이루어진다는 사상입니다. 이 사상은 한국 정신의 밑바닥에 널리 깊게 깔려 있습니다.

〈한글〉의 모음은 천지인을 형상화한 것이며, 현재 대한민국 정부의 상징 로고인 삼태극은 천지인의 또 다른 형상화입니다. 우주의 원리와 우리나라의 문자와 정부도 천지인의 원리 아래 있다면, 하나의 작은 우주라 할 수 있고 대한민국 국민인 우리도 천지인의 원리 아래 움직인다고 할 수 있습니다.

동양의 종교와 사상도 세 주류로 이루어져 있습니다. 유·불·선儒佛仙으로 유교·불교·도교입니다. 유불선은 각기 다른 기원과 내용을 가지고 있지만 역사 속에서 종교와 사상으로서 또는 생활 속에서 상호 긴밀하게 교차되고 연결되며 동양인들의 정신과 삶을 운용하며 관통하고 있습니다.

서양의 철학과 종교도 세 가지의 요소로 이루어져 있습니다. 서양 철학의 원류인 그리스 철학의 기본 사상은 지·정·의知情意입니다. 지식과 감정과 의지로서 서양의 어느 시대를 막론하고 여기에 뿌리를 두지 않은 철학과 사상은 없습니다. 로마시대로 들어와 기독교가 성립되었습니다. 기독교의 주체는 성부·성자·성령의 삼위일체三位一體입니다. 삼위일체의 기독교는 2천여 년 서양의 영혼을 이끌어 오고 있습니다.

서양의 사상은 지정의와 삼위일체를 거쳐 근대에 들어와서는 칸트의 〈3 비판서〉, 헤겔의 변증법에서의 정·반·합正反合에 이르고 있습니다. 서양의 정신세계는 고대부터 현재까지 세 가지가 돌고 돌아 이루어진다는 원칙 아래 있는 것입니다.

그밖에도 균형과 순환의 요소가 셋으로 이루어진 예는 수 없이 많습니다. 한국과 중국의 역사에서 격변의 시기에 등장하는 삼국시대가 그러했고, 현재 동아시아의 정세는 한·중·일 삼국이 맞서 있는 형국입니다. 경복궁 근정전 앞 향로의 다리는 세 개이고, 조선에서는 삼정승이 나라의 일을 보았으며, 현대 국가의 권력 분립 형태는 삼권분립입니다. 가위·바위·보는 세 개가 돌아가며 지고 이기는 것을 가리고, 공평하기 위해 삼세번이라는 말을 합니다. 지·덕·체, 진·선·미 등도 모두 세 개입니다. 나라가 일제에 먹혀갈 때 주시경 선생님은 백성과 제자들에게 〈얼·말·글〉을 가르쳤습니다.

세상의 모든 일과 마찬가지로 인간의 정신 능력도 세 가지가 맞물리며 돌아가고 있습니다. 그러나 그 셋이 무엇 무엇인지에 대해서는 잘 알 수가 없었습니다. 지난 백여 년 동안에 인류가 이루어 놓은 연구와 시행 결과로 보면 하나는 지능이었고, 그 다음에는 감성이었습니다. 지능은 이미 일반적인 용어가 되었고 감성은 현재도 연구 진행 중입니다.

셋 중에서 마지막으로 남아 있던 하나가 지혜였습니다. 지혜는 지능과 감성보다 보편적이고 포괄적이며 앞의 두 요소를 통합하고 연결할 수 있습니다. 가장 기본적이지만 가장 수준 높은 정신 능력입니다. 인류의 과거를 고찰해 보고 미래를 예측해 보면 그것은 지혜일 수밖에 없습니다. 지혜의 새로운 발견이며 정의입니다. 지능과 감성에 지혜를 더하여 인간 정신 구성의 세 요소가 완성되는 것입니다. 세 요소의 통합체를 인간의 착한 본성, 즉 인성이라고 할 수 있습니다.

◑ 지능과 지능지수

지능이란 지각을 통해 배움으로써 앎을 얻게 되는 정신적 능력입니다. 인간은 태어나면서부터 의식 또는 무의식 속에서 배우게 되고 그 배운 것을 통해 살아가는 방법을 알게 됩니다. 지능이란 알게 된 것을 이해하고 기억하고 응용하는 능력입니다. 이것은 학습과 훈련을 통해 능력이 축적되어 향상이 이루어집니다. 지능은 인간이 가지고 있는 정신 능력 중에서 가장 마지막으로 계발된 세련된 능력입니다. 지능이 높다는 것은 머리가 좋고 똑똑한 것이라고 할 수 있습니다. 논리적 산술적으로 틀림이 없고, 암기력과 분석력이 좋은 사람이 지능이 높은 사람입니다.

1905년, 프랑스 교육부는 정신 발달이 좋지 않은 학생들을 위해 심리학자 비네와 의사 시몬이 공동으로 연구한 지능 측정을 위한 테스트를 시행했습니다. 그것은 이해력, 판단력, 논리력 측정을 위한 30개의 문항으로 되어 있었으며, 학교 교육을 받지 않고도 실시할 수 있는 수준이었습니다. 비네는 이 테스트를 통해 〈정신연령〉이라는 개념을 확립하였습니다. 정신연령이란 실제 나이와는 별개로 정신적으로 몇 살인가를 측정하는 것이었습니다.

독일의 심리학자 슈테른(William Stern, 1871~1938)은 비네의 테스트 방식을 간단하게 공식화하여 1912년 IQ(Intelligence Quotient, 지능지수)라는 것을 개발하였습니다. 지금의 IQ는 슈테른의 방식을 활용한 것입니다. 수식으로 나타내면 다음과 같습니다.

$$지능지수 = \frac{정신연령}{실제연령} \times 100$$

이 공식에 의하면, 10살인 아이가 정신연령도 10살이라면 그 아이의 IQ는 100이 됩니다. 실제 나이가 10살인데 정신연령이 12살이면 IQ가 120, 정신연령이 8살이면 80이 되는 것입니다. IQ 100이 표준이며 정상입니다. 120 이상이면 대단히 우수한 것으로 보고, 80 미만이면 특별한 관리가 필요합니다.

초기 IQ 테스트가 시행된 이래 100여 년이 지난 지금까지도 IQ 테스트에 대해 상당한 논란이 전개되고 있습니다. 그럼에도 불구하고 IQ 테스트는 정신 능력 측정에 있어서 하나의 고정 방식이 되어 있습니다. 우리나라에서도 IQ 테스트는 널리 알려져 있는 일반적인 테스트입니다. 대개 학교나 기관에서 일률적으로 실시하며 그 결과는 지수가 어느 정도 높은 아이에게만 알려주는 경향이 있습니다.

이 책에서 제시되는 IQ 테스트 문항들은 기존의 시행 방식과 문항들을 참고하여 새로이 출제되는 문항들입니다. 학교나 가정 또는 자연에서 보고 배운 것을 어느 정도 암기하고 이해하고 있으며 얼마나 자신의 것으로 소화하여 알고 있는가를 묻는 내용입니다. 기초 지식에 대한 상식적인 문항이라고도 할 수 있습니다. 아느냐 모르느냐, 알면 얼마나 정확히 아느냐가 질문의 핵심입니다.

◉ 감성과 감성지수

감성이란 감각을 통해 접한 어떤 사실이나 현상에 대해 가지는 느낌을 말합니다. 이것은 원인을 파악하거나 이유를 설명할 필요가 없고 논리도 필요 없는 단순하고도 즉흥적으로 나타나는 반응입니다. 좋은 것과 나쁜 것, 아름다운 것과 추한 것, 이로운 것과 해로운 것을 대하는 순간 지체 없이 바로 느끼는 것이 감성입니다. 감성이 높은 사람은 감정이 풍부하고 신경이 예민하며 변화에 민감하고 눈치가 빠릅니다.

미국의 심리학자 골먼(Daniel Golman)은 1995년 *Emotional Intelligence*(감성적 지능)라는 책을 발간했습니다. 골먼은 이 책에서 인간의 정신 작용을 IQ(Intelligence Quotient, 지능지수)와 EI(Emotional Intelligence, 감성적 지능)로 구분했습니다. 골먼은 EI가 IQ보다 중요하다고 했습니다. IQ 140인 일류대학 출신 간부가 IQ 110인 보통 학력의 경영주 앞에서 쩔쩔매는 것은 바로 EI의 차이 때문이라는 예를 들었습니다. 그러나 골먼은 테스트에 관한 어떤 구체적인 내용이나 산출 방식은 제시하지 않았습니다.

EQ(Emotional Quotient, 감성지수)란 골먼의 저서 이후에 〈뉴욕 타임스〉에서 IQ에 대비하여 사용한 용어이며, 살로베이(Peter Salovey) 교수와 메이어(John D. Mayer) 교수가 이론화한 개념입니다. 이 역시 구체적인 문항이나 산출 방식은 없었습니다. EQ는 아직 IQ 테스트만큼 실제로 문제가 통용되거나 연구가 구체적으로 이루어지지 않았습니다. 그래도 EQ에 대한 연구와 시도는 계속되고 있습니다.

이 책에서 제시되는 EQ는 골먼의 EI나 용어만 개념화된 EQ와는 다릅니다. EQ에 대한 개념을 새로이 정리하고, 새로운 EQ 테스트 문항들을 출제하여 수치로 산출하고 있습니다. 이 문항들은 테스트의 대상이 어떤 사물이나 현상을 접하고 느낌을 가지느냐 못 가지느냐, 느낌을 가지면 어떤 느낌을 가지느냐를 묻는 문항들입니다.

◉ 지혜와 지혜지수

지혜란 지각이나 감각을 통해 알거나 느낀 어떤 사실이나 행위에 대해 스스로 생각을 하여 가장 타당성 있고 합리적인 깨달음을 얻는 능력입니다. 지혜는 인간이 인간과 자연을 모두 존중하며 인간과 자연, 나와 우리, 모두의 생존과 번영을 위해 함께 노력하자는 정신입니다. 지혜롭다는 것은 슬기로운 것, 현명한 것, 사물의 이치를 아는 것, 생각이 깊은 것, 상황을 분명히 파악하고 분별력과 판단력이 있는 것 등이라고 할 수 있습니다.

옛 성인이나 군자, 철인들이 남긴 말들은 거의 지혜로운 것들로서 인간이 사는 기본 방향을 제시하고 있습니다. 우리가 수시로 인용하는 수많은 격언들도 지혜롭게, 슬기롭게 사는 길을 가르쳐 주고 있습니다. 지금도 다급하거나 어려운 일이 생기면 지혜롭게 해결하라는 말을 자연스레 하고 있습니다. 지혜란 우리가 살아가는 데에 필요한 진리를 제공하는 원천이라고 할 수 있습니다.

WQ(Wisdom Quotient, 지혜지수)란 지금까지 없던 새로운 용어로 여기에서 처음으로 시도되는 것입니다. 지금은 지혜에 대한 체계적 파악과 구체적 실용화가 필요한 때이며, 그 실현을 위한 첫 단계가 WQ 테스트입니다. 지혜에 대한 개념을 새로 세우고 문제도 최초로 출제되었습니다. WQ 테스트는 어떻게 생각하며, 어떤 깨달음을 가지느냐를 묻는 것이 질문의 핵심입니다.

3. 세 가지 테스트

◉ 테스트의 필요성

사람은 눈에 보이는 신체뿐 아니라 눈에 보이지 않는 정신도 각자 명백히 특성의 구분과 능력의 차이를 가지고 태어납니다. 따라서 인생의 방향과 목표도 그에 맞게 설정되어야 합니다. 특성에 맞게 가능한 범위 내에서 자기에게 맞는 일을 해야 합니다.

문제는 각자 타고난 개성이 무엇이며, 능력이 어느 정도인지를 모른다는 사실입니다. 어느 길이 옳게 가는 길인지, 또 무엇이 어디까지 가능한지를 알기 쉽지 않다는 것입니다. 따라서 현재의 사회 제도와 교육 체계를 일률적으로 따를 수밖에 없습니다. 그 제도와 체계에 따라 학생들이 노력하고 성과를 얻는 과정이 공부입니다.

공부란 선천적인 능력을 바탕으로 학습하고 훈련하여 지식을 습득하고 암기하는 것으로 후천적으로 이루어지는 결과입니다. 타고난 개성과 능력을 측정하는 수단이 아닙니다. 공부가 아닌 다른 기준과 시각에서 타고난 개성과 능력을 파악할 방법을 찾아야 합니다.

선천적인 정신 능력이 어느 정도인가를 알아보는 방법으로는 IQ 테스트가 유일하다고 할 수 있습니다. EQ가 새로이 등장했고 이후에 BQ, CQ, SQ, YQ 등 많은 Quotient(지수) 이론이 등장했지만 실제로 문제가 출제되고 활성화된 지수 테스트는 많지 않습니다. 더구나 조기 테스트는 거의 없습니다.

IQ 테스트가 처음 시행되던 시대와 지금과는 많은 면에서 차이가 큽니다. 다양해지고 복잡해진 현실에서 IQ 테스트만으로는 타고난 성품과 능력을 파악하는데 부족합니다. 무엇인가를 더 해야 합니다. 그러한 필요성에 따라 지능·감성·지혜에 대한 테스트를 종합적으로 실시하자는 것입니다. 이 테스트는 타고난 순수한 정신이 공부와 본격적으로 혼합되기 이전에 실시해야 합니다.

◉ 테스트 시행

이 테스트는 초등학생을 대상으로 합니다. 그러나 저학년은 자신의 의사를 정확히 표현하기에 아직 어렵습니다. 반면에, 중학생 이상이 되면 사고가 복잡해지고 장래에 대한 방향이 상당히 설정되어 있어 냉철하게 타고난 성품과 능력을 파악하기에 어려움이 있습니다. 결국 초등학교 4, 5, 6학년이 대상이 됩니다. 초등학교 4, 5, 6학년은 아직까지 천성의 순수함을 유지하는 때이며, 정신 능력이 가장 활발하게 성장하는 시기입니다.

이 테스트의 문항들은 3단계의 과정을 거쳐 만들어졌습니다. 1단계는 문항을 만드는 단계로 필자와 자문위원들이 경험과 연구를 통해 얻은 것을 기초로 하여 문제를 출제하는 단계입니다. 2단계는 만들어진 문항들의 내용과 난이도를 조정하는 단계로 해당 학년 학생들에게 여러 차례 검사를 거쳐 그 통계로 기준을 잡는 단계입니다. 3단계는 전문가들의 검증을 거치는 단계로 문학, 역사학, 철학, 교육학, 심리학 전공자들이 최종적으로 문항을 확정하는 단계입니다.

이 테스트의 결과로 나오는 수치는 다른 학생들과 비교하여 평가되는 상대적 수치입니다. 현재 우리나라 해당 학년 학생들의 기준치를 100이라고 보고 문제의 난이도를 결정했기 때문입니다. 정답은 가장 합리적이고 보편적인 사고와 테스트 학생들의 가치관과 판단을 고려하여 확정하였습니다.

◉ 테스트 결과

테스트의 결과는 예상보다 높을 수도 있고 기대에 못 미칠 수도 있습니다. 지수 사이의 편차가 고를 수도 있지만 차이가 큰 경우도 있습니다. 당연히 지수는 높을수록 좋고, 편차는 작을수록 좋습니다.

이 테스트의 목적은 본성을 알고자 하는 것일 뿐입니다. 지수가 높다고 너무 좋아한다거나 낮다고 마음 상할 일은 아닙니다. 높으면 신중하게 앞으로의 일을 생각해야 하고, 결과가 기대 이하라 하여도 그렇다는 사실을 알게 되었으므로 앞으로 잘하면 되기 때문입니다.

이 테스트의 시험 결과 우리나라 해당 학생들의 각 지수별 수치는 120 이상이 20% 내외, 100 미만이 15% 내외였으며 나머지 65% 정도는 모두 100~120 사이였습니다. 지수가 110 이상이면 우수한 편이고, 90 미만이거나 지수 간의 편차가 20 이상인 경우에는 좀 더 관심을 기울일 필요가 있습니다.

4. 인성교육

🌀 인성교육 방안

세 가지 테스트를 통해 인성을 파악했으므로 이제부터는 인성을 전반적으로 개선할 수 있는 실질적이고 효과적인 방안을 찾아야 합니다. 개선 방안 역시 서로 작용하고 순환되는 세 가지 요소로 형성됩니다.

대화와 독서와 여행입니다. 이 세 가지를 충실히 실천하면 서로 상승작용을 일으켜 인성은 보다 원만하고 긍정적인 방향으로 나아가며 그 결과로 학업 성적도 크게 향상될 수 있습니다. 세 가지 개선 방안은 반드시 균형 있게 실시해야 합니다. 한두 가지에만 치중하는 것은 결코 바람직하지 않습니다.

먼저 대화입니다. 대화는 소통, 이해에 있어서 최상의 방법입니다. 대화는 가족, 친구, 선생님, 아는 사람, 모르는 사람, 누구와도 이루어 질 수 있습니다. 가정에서 식사를 하면서 가족끼리 있었던 일과 자기의 생각을 이야기하는 것이 대화이며, 학교에서 선생님과 학업과 학교생활에 대해서 이야기하는 것도 대화입니다. 친구들과 떠들며 온갖 주제로 이야기하는 것도 대화입니다. 길이나 차 안에서 우연히 만난 낯선 사람과 이야기를 나누는 것도 대화입니다. 조부모나 부모가 자녀를 훈육하는 것도 대화를 통해 이루어집니다.

대화의 기본은 다른 사람의 말을 잘 들어주는 경청입니다. 먼저 경청하고 다음에 자신의 생각과 의견을 말하면 자연스레 원만한 대화가 이루어집니다. 말을 많이 한다고 다 대화는 아닙니다. 의미가 있고 생각이 포함된 말을 주고받는 것이 대화입니다. 대화의 내용이 깊어지면 깊어질수록 지식과 사고의 폭도 깊어지고 넓어집니다. 사실, 대화만 잘 해도 만사형통이라고 할 수 있습니다. 대화는 얼굴을 마주하고 눈을 바라보며 해야 합니다. 대화란 말로만 하는 것이 아니라 눈과 마음으로 함께 하는 것이기 때문입니다.

독서의 필요성과 중요성은 더 말할 필요가 없습니다. 인류가 이룬 모든 위대한 업적들은 책 속에 다 있으며 재미와 감동도 책속에 있기 때문입니다. 독서를 하는 동안에는 아무도 간섭하지 못 하고 시간과 사고를 공유하지도 못 합니다. 철저하게 혼자서 배우고 느끼고 생각할 수 있는 시간을 가질 수 있습니다. 자기 발전을 위해 독서보다 더 좋은 방법은 없습니다.

초등학생들이 읽을 우수한 도서는 많이 있습니다. 분량은 1주일에 한 권으로 1년에 52권입니다. 1주일에 책 한 권을 읽는다는 원칙은 지금부터 시작하여 죽는 날까지 계속되어야 합니다. 독서를 하는 것으로 끝내지 말고 독서 모임이나 토론회, 발표회에 참가하면 독서의 효과는 더욱 커질 수 있습니다.

여행도 인성을 높이는데 결정적인 역할을 합니다. 대상이 아직 초등학생이므로 여행과 현장 체험학습 또는 현장 탐방을 함께 하는 것이 좋습니다. 부모님과 함께 가는 것이 가장 좋으나 여의치 않으면 학교나 여러 단체에서 시행하는 각종 크고 작은 활동이나 행사에 참가하는 것도 좋습니다. 초등학생 수준의 체험과 여행은 여러 사람과 함께 합니다. 서로를 이해하고 양보하고 돕는 데에 여행보다 더 좋은 방법은 없습니다.

적어도 한 계절에 한 번은 현장 체험이나 여행을 가는 것이 좋습니다. 역사와 문화, 삶과 놀이의 현장을 다니다보면 시야가 넓어지고 호기심이 많아지며 즐길 줄 알고 재미를 느끼게 됩니다. 새로운 것을 보고 낯선 사람을 만나면서 직접 경험을 하면 사고의 그릇이 커지며 이는 장래를 위해 대단히 바람직한 일입니다.

여행과 체험을 다니면 자연을 접하고 자연과 대화하는 시간을 많이 가지게 됩니다. 산과 물을 대하면서 아름다움과 순수함을 느끼고 작은 생명이라도 그 소중함을 알게 됩니다. 나뭇가지를 함부로 꺾거나 벌레를 아무 생각 없이 죽이는 일도 없게 됩니다. 야외 활동을 함으로 신체 건강도 좋아집니다. 어깨가 펴지며 다리가 튼튼해지고 병에 대한 저항력도 강해집니다.

대화와 독서와 여행, 이 세 가지를 시행하는 것이 바로 인성교육입니다. 이보다 더 직접적이고 효과적이고 광범위한 교육은 없습니다. 초등학생 시절에 이런 인성교육을 받게 되면 그 효과는 평생 동안 지속됩니다. 본인은 교육의 효과를 잘 알지 못 할 수도 있지만, 그 효과가 강력하고 지속적이라는 것은 분명합니다.

● 인성교육의 이상

인성교육은 가정에서 시작됩니다. 부모가 자녀를 훌륭한 사람으로 키우겠다는 의지를 가지고 솔선수범하여 대화를 하고 책을 읽고 여행을 하면 자녀들은 자연스레 따라옵니다. 이러한 인성교육을 받은 아이와 받지 못한 아이의 인성에는 차이가 크다는 실례는 쉽게 볼 수 있습니다.

많은 부모님들이 먹고 살기도 힘든데 언제 애들과 얘기할 시간이 있고 언제 책 읽고 우리 형편에 무슨 여행을 가냐고 합니다. 아닙니다. 얘기할 시간은 실제로는 충분합니다. 저녁식사 때나 자기 전에 30분에서 1시간 정도 식구들이 모여 얘기할 시간을 갖는 것이 그리 어렵단 말입니까. 매일이 아니고 일주일에 한두 번이라도 좋습니다. 이때 대화의 주제는 물론 자유입니다.

책을 사는 데에는 큰돈이 들지 않습니다. 사주기 어려우면 주변에 흔한 공공 도서관에서 빌리면 됩니다. 도서관 출입은 잦으면 잦을수록 좋으며 아이들끼리 가서도 충분히 책을 빌릴 수 있습니다. 독서 지도를 해주는 곳도 많습니다. 아이들은 책 읽을 시간이 충분합니다. 단지 책읽기가 익숙하지 않을 뿐입니다.

여행이나 체험도 가까운 곳부터 시작하면 별로 경제적 부담이 없습니다. 한 계절에 한 번, 한 나절이나 하루 시간을 내면 됩니다. 그 시간도 내기 어렵다는 부모님의 말씀에는 동의하기 어렵습니다. 많은 지방자치 단체나 공공기관에서 무료 체험을 시행하고 있습니다. 전국에 크고 작은 우수한 박물관만 해도 수십 수백 곳이 있고 곳곳에 널린 것이 문화재이고 아름다운 자연 경관입니다. 차비만 있으면 해설을 들으며 훌륭한 체험과 탐방을 할 수 있습니다.

거듭 말하지만 문제는 부모님들의 의지와 실천입니다. 의지를 세우고 실천한다면 모두 가능한 일들입니다. 용기를 내서 일단 시작하면 다음에는 조금 쉬워지며 또 그 다음부터는 아주 자연스레 실천할 수 있습니다. 하다 보면 재미도 있고 보람도 큽니다. 시작은 빠르면 빠를수록 좋습니다. 그러나 조급할 필요는 없습니다. 자녀들은 아직 어리고 시간은 충분합니다. 지금부터라도 대화를 시작하고 서점이나 도서관에 갈 시간을 내고 여행이나 체험 계획을 세우시기 바랍니다.

가정에서 시작되는 인성교육을 통해 지능과 감성과 지혜는 계발되고 연마됩니다. 다시 말해 인성이 개선되고 향상되는 것입니다. 인성이 좋아지면 인격이 높아지고 학업도 잘 됩니다.

그리하여, 자녀들이 건강하게 자라고 우아한 품성을 지니고 공부도 잘한다면 부모로서 그보다 더 큰 보람은 없을 것입니다. 부모님들의 꿈과 이상이 실현되는 것입니다. 그리고 그것은 누구에게나 가능한 일입니다. 결코 과장된 이야기가 아닙니다.

여기까지 오신 부모님과 자녀들에게 축하와 경의를 드리며 희망의 미래를 설계하시기를 진심으로 기원합니다. 감사합니다.

정답과 대조표

IQ 테스트 정답

1. (쓰기)

2. 외할머니

3. (쓰기)

4. (쓰기)

5. 천 지 인

6. 무지개

7. 대

8. ①

9. ③

10. (쓰기)

11. 14(+2-1+3-1+4-1+5-1)

12. 36(같은 수 곱하기)

[3. 8(아래로 더하기)

14. 일요일

15.

16. ②

17. 14개

18. 10, 13

19. ③

20. ②

21. ①

22. ④

23. ④

24. 에베레스트

25. ④

26. (쓰기)

27. ②

28. (쓰기)

29. ③

30. ④

31. ③

32. ①

33. ③

34. ②

35. ①

36. ②

37. ③

38. ④

39. ②

40. ①

1. ①
2. ③
3. ②
4. ②
5. ①
6. ②
7. ①
8. ③
9. ②
10. ④
11. ③
12. ①
13. ②
14. ③
15. ④
16. ③
17. ③
18. ②
19. ④
20. ①

21. (쓰기)
22. (쓰기)
23. (쓰기)
24. ④
25. ①
26. ②
27. ④
28. ④
29. ①
30. ③
31. 풀
32. ④
33. ②
34. ①
35. ②
36. ④
37. ③
38. 사람 또는 인간
39. ④
40. ③

WQ 테스트 정답

1. ②
2. ④
3. ③
4. ①
5. ①
6. ②
7. ④
8. ③
9. ②
10. ④
11. ①
12. ④
13. ③
14. ③
15. ④
16. ②
17. ①
18. ③
19. ①
20. ③

21. ②
22. ①
23. ③
24. ④
25. ②
26. ④
27. ①
28. ④
29. 바보
30. ④
31. ②
32. ③
33. ④
34. ③
35. ②
36. 생명 또는 목숨
37. 건강
38. ②
39. 시작
40. ①

지수 대조표

틀린 문항수	IQ	EQ	WQ
0	140	140	140
1	138	138	138
2	136	136	136
3	134	134	134
4	132	132	132
5	130	130	130
6	128	128	128
7	126	126	126
8	124	124	124
9	122	122	122
10	120	120	120
11	118	118	118
12	116	116	116
13	114	114	114
14	112	112	112
15	110	110	110
16	108	108	108
17	106	106	106
18	104	104	104
19	102	102	102
20	100	100	100
21	98	98	98
22	96	96	96
23	94	94	94
24	92	92	92
25	90	90	90
26	88	88	88
27	86	86	86
28	84	84	84
29	82	82	82
30	80	80	80
31 이상	80 미만	80 미만	80 미만

▌ 최 종 수

창작이나 학문의 근본 원리는 모두 마찬가지라고 생각하고 있습니다. 또한 원리는 간단하며 상식
적이라고 믿고 있습니다. 인간의 본성과 만물의 기본 원리를 탐구하는 작품을 쓰고 있습니다. 장편
소설 〈가을빛에 지다〉〈기다림의 조건〉, 비문학 작품 〈인성 테스트와 인성교육〉〈영어는 단순하다〉
〈행복한 논술〉〈서울 역사문화탐방〉〈한국 역사문화탐방〉(근간) 등을 썼습니다.

인성 테스트와 인성교육

- 초등학교 4학년 -

2017. 4. 20. 초판 1쇄 인쇄
2017. 4. 30. 초판 1쇄 발행

지은이 : 최종수
발행처 : 역민사
등 록 : 1979. 2. 23. 서울 제 10-82
주 소 : 서울 은평구 연서로 46길 7
전 화 : 02) 2274-9411
e-mail : ymsbpcjs@naver.com

디자인 : yms미디어
인쇄 · 제책 : 영신사
copyright : 2017ⓒ최종수

ISBN   978-89-85154-43-7   03180
12,000원